L^{27}_n. 20636.

PANÉGYRIQUE

DE

SAINT VINCENT DE PAUL.

Imprimerie de BEAU, à Ssint-Germain-en-Laye.

L. J. C.

19 juillet 1854.

PANÉGYRIQUE

DE

SAINT VINCENT DE PAUL,

PAR

STANISLAS FOURÉ.

SAINT-GERMAIN-EN-LAYE,

IMPRIMERIE DE BEAU,

RUE DE PARIS, 80.

1854.

L. J. C.

PANÉGYRIQUE

DE

SAINT VINCENT DE PAUL.

In gloriam meam creavi eum, formavi eum, et feci eum.

Je l'ai créé, je l'ai formé, fait et achevé pour ma gloire.

(Isaïe, XLIII, 7.)

Messeigneurs, mes Frères,

Il y a des prévenances délicates, des témoignages de bonne volonté qui s'emparent de l'âme, l'émeuvent, prennent sur elle un souverain empire. Leur impression domine tous les autres sentiments ; elle étouffe, par exemple, la crainte si légitime de se produire devant un auditoire d'élite; elle distrait de son impuissance à traiter certains grands sujets qui devraient être réservés aux grands talents, ou bien à la sainteté éminente; elle va presque jusqu'à donner de l'audace et de la présomption, tant elle inspire de la reconnaissance.

J'éprouve en ce moment, mes Frères, quelque chose de semblable. — Profondément touché de la tendre affection dont a été l'objet la Congrégation à laquelle j'appartiens, de la part de MM. de Saint-Lazare, des encouragements multipliés qu'elle en reçoit, de la joie sincère que leur causent ses essais de résurrection, de l'empressement qu'ils ont mis à inviter un de ses membres à faire l'éloge pour lequel ils doivent se montrer le plus difficiles, je viens, sans aucun effroi et tout à ma gratitude, payer une dette sacrée que nous sommes heureux d'avoir contractée. Je me sens d'ailleurs en famille; l'Oratoire, en renaissant, reprend ses traditions primitives et n'oublie pas que la Mission est sa sœur, puisque son fondateur eut le même Père que lui.

Puisse le Ciel bénir mes paroles et leur donner une efficacité digne de notre commune origine, digne des illustres prélats qui nous honorent de leur présence, et des pieux fidèles qui les accompagnent.

Ave, Maria.

En 1676, époque où naquit Vincent de Paul, un mouvement de réforme et de résurrection se faisait sentir dans l'Église de France, si longtemps victime de la corruption de ses propres enfants, de l'hérésie et des guerres civiles. Déjà les Contemplatifs, ces racines intelligentes et nécessaires de la vie surnaturelle et divine, étaient en pleine séve à la Chartreuse et au Carmel; la science s'éveillait dans les monastères et dans les universités au bruit de la contradiction, et les docteurs surgissaient de toutes parts pour confondre l'erreur et les sectaires; l'éducation, par laquelle les nations sont guérissables, avait ou allait avoir ses apôtres dans la Compagnie de Jésus, dans l'Oratoire, dans la Visitation et les Ursulines. — La dévotion, regardée jusqu'alors comme l'apanage exclusif du cloître, était sur le point de se populariser parmi les gens du monde par la prédication, les exemples et les ouvrages de l'évêque de Genève.

Ces signes consolants n'étaient pas le dernier mot de la Providence; il lui fallait, pour achever son œuvre, faire intervenir extérieurement la charité, la charité étant le complément de toutes choses et l'agent de Dieu le plus éloquent et le plus efficace. Qui peut être comparé à la charité? qui lui résiste? qui ne subit son heureuse influence? Mais comment se produira-t-elle? Elle s'incarnera, elle se personnifiera pour ainsi dire dans un seul homme, afin que chacun la distingue, la voie passer et coure à l'odeur de ses parfums.

Saluons, mes Frères, l'élu de la Providence, appelé à une si grande manifestation, et examinons par quel moyen elle le prépare à ses hautes destinées.

Son premier soin est de le faire naître loin de la grandeur et de l'opulence, dans l'humble chaumière d'un paysan. Sous ce toit rustique la fausse science n'a point pénétré, sont absentes les pompes et les vanités du siècle ; on n'y connaît que les enseignements de la foi, on n'y sait que Jésus-Christ, la sainte Vierge, les Anges et les Saints. Quand ses yeux s'ouvriront à la lumière, ils pourront y fixer un crucifix et de pieuses images. Quand ses oreilles seront accessibles à la parole, elles y entendront presque uniquement prier et parler du

Ciel. On ne l'y préoccupera jamais de la terre et de ses faux biens ; on lui fera supporter au contraire les appréhensions et les fatigues du travail, par les souvenirs du Calvaire et les espérances de la bienheureuse éternité. Noble éducation, éducation sans mélange adultère du mensonge avec la vérité, bien propre à fortifier l'âme et à lui donner tout son épanouissement et tout son élan vers Dieu et vers le prochain !

Après sa mère, la nature révéla Dieu à Vincent de Paul. — Nouveau David, il errait chaque jour avec ses troupeaux dans la campagne ; il était à même de constater l'intervention incessante de l'infinie bonté, si attentive à nos besoins, de l'invoquer, de chanter ses louanges. Il pouvait, transporté d'amour, prêter sa voix à tout ce qui l'entourait, et utiliser à loisir le recueillement et la solitude.

Provoqué par l'étude et l'émulation dans l'excellent collége où le conduisirent, au prix de pénibles sacrifices, ses pauvres parents, son cœur s'ouvrit de plus en plus à la vérité et trouva une nouvelle énergie pour l'aimer et la pratiquer. — Jamais écolier ne répondit mieux au dévouement de ses maîtres et n'édifia davantage ses condisciples. On eût dit l'Enfant Jésus croissant en âge et en sagesse.

La Théologie et l'Écriture sainte l'initièrent ensuite, pendant son séjour à Toulouse, aux secrets intimes de la religion, et lui donnèrent une vive et fructueuse intelligence de toutes ses beautés. Puis la grâce surabondante du sacerdoce lui fut conférée dans toute sa plénitude, et en fit un saint prêtre.

Dieu, mes Frères, a été bien généreux envers le petit pâtre des Landes; il l'a nourri de foi et d'amour; il l'a caché sous les ailes bénies de la pauvreté, afin qu'il ne fût pas atteint par le souffle empesté du monde; il lui a communiqué les vraies lumières; il l'a conduit pur et sans tache jusque dans son temple au milieu de ses Lévites. — Le voilà à l'autel, dispensateur des sacrés mystères et médiateur entre le ciel et la terre. Tant de bienfaits le remplissent d'étonnement, l'excitent à la reconnaissance, le portent à s'appliquer ce cantique de Marie, et à s'écrier avec elle : Mon âme, glorifie le Seigneur; mon esprit, réjouis-toi en Dieu, ton Sauveur; le Tout-Puissant a regardé la bassesse de son serviteur, a pris en pitié son néant, s'est souvenu de sa miséricorde et a fait en lui de grandes choses : *Fecit mihi magna qui potens est.*

Si la prêtrise, mes Frères, est le plus excellent don de Dieu, un don tel qu'il ne peut être surpassé, ce don suprême est lui-même susceptible de développement. C'est le talent confié qu'on doit faire valoir, c'est le diamant précieux qu'on doit ciseler, polir, enchâsser, rendre brillant. — Un des ouvriers, mes Frères, chargé par la Providence de travailler le sacerdoce de Vincent de Paul et d'ajouter à sa valeur intrinsèque, fut la souffrance, qui, selon la profonde expression de Bossuet, donne quelque chose d'achevé et établit dans une dignité incomparable.

Il allait par mer de Marseille à Narbonne, lorsque des corsaires turcs se précipitent sur la barque qu'il monte, lui font une large blessure, le chargent de chaînes et se l'approprient en qualité d'esclave. Désormais, il lui faut, en dépit de douleurs continuelles et suffocantes, mener le rude métier de pêcheur, sous les ordres et à la merci des caprices d'un patron cruel, ou bien labourer, des journées entières, exposé aux rayons brûlants d'un soleil de feu, les vastes champs d'un renégat enrichi par son apostasie.

Dans cette extrémité le murmure ne souille point ses lèvres, le découragement n'approche pas de lui, il comprend qu'il a une sublime mission à accomplir, qu'il doit prêcher Jésus-Christ à qui l'ignore ou bien à qui l'a trahi. Voyez-le se rendre agréable, à force de sérénité, d'obéissance et de dévouement; hasarder avec tact certaines insinuations, insister à propos quand on l'écoute, faire naître plus à propos encore le remords, compléter l'attendrissement qu'il produit, triompher enfin du pécheur le plus endurci et en faire son néophyte et son libérateur.

De retour en France, il est en butte à la calomnie la plus déshonorante. — Arrachera-t-il cette épine qui le déchire? Il y pense et en a le pouvoir; mais sa générosité ne le lui permet pas. — Qu'elle perce son âme, comme les épines cueillies par les Juifs et tressées en couronne de dérision ont percé le chef adorable de Jésus-Christ. — Le serviteur n'est pas plus que le maître.

O âme de Vincent, courage! vous grandissez dans les épreuves; je reconnais de plus en plus en vous la copie fidèle du Fils de Dieu, à la fois prêtre et victime. — L'incertain et le provisoire, mes

Frères, sont naturellement antipathiques au cœur de l'homme; il a besoin du stable et du permanent; il le cherche, dès ce monde, comme l'image la moins trompeuse du bonheur. — Ce besoin, qui combat et diminue sa légèreté, s'augmente et devient impérieux lorsqu'il est affectueux et tendre, parce qu'il s'attache aux lieux, aux personnes, s'identifie avec les uns et avec les autres, se mêle à eux et en fait presque une partie de lui-même. — Vincent de Paul, doué d'une extrême sensibilité, infiniment porté à s'attacher, dut beaucoup souffrir de tous les changements de position qu'il fut obligé de subir. Dieu se plaisait à ne le laisser jamais en repos. A peine avait-il commencé à prendre racine quelque part qu'il le transplantait brusquement pour lui confier des emplois, souvent très-opposés à ses premières occupations. Il fut successivement négociateur, aumônier, précepteur, curé, desservant d'une obscure paroisse du Lyonnais.

En se déplaçant, Vincent de Paul mourait à tous ses goûts et acquérait l'expérience la plus utile. Aucune misère du prochain, aucun sacrifice personnel ne lui étaient étrangers; il apprenait *à connaître tout et à ne se refuser à rien*.

L'empire de la sainteté d'autrui sur nous, mes Frères, son influence sur notre conduite sont indubitables. Les saints sont des espèces de sacrements qui, contenant la grâce, la font jaillir au-dehors, en arrosent, en fertilisent ceux qui les fréquentent. Bienheureux donc les amis des saints : ils sont plantés sur le bord des eaux, ils donneront du fruit dans leur temps; leur feuillage sera toujours épais et verdoyant; il manifestera à tous les regards la plus splendide végétation.

Vincent de Paul, mes Frères, eut l'insigne privilége d'être admis dans le commerce et l'intimité de deux illustres serviteurs de Dieu. Le grand Pierre de Bérulle, comme s'exprime Bossuet, le logea dans sa maison, en fit son commensal et son confident pendant plusieurs années. Il ne pouvait avoir sous les yeux un type plus grave et plus accompli du prêtre, un plus parfait modèle d'humilité et d'abnégation, un interprète des livres saints plus divinement inspiré; il ne pouvait emprunter à qui que ce fût de plus vastes et de plus amoureuses connaissances du mystère de l'Incarnation, et puiser à meilleure source. Urbain VII, mes Frères, a prévenu et autorisé l'expansion de ma piété filiale en appelant le fondateur de l'Oratoire l'apôtre par excellence du Verbe incarné, et madame de Chantal l'a confirmé par ces mémorables paroles : Si l'évêque de Genève parle la langue des hommes, Mgr de Bérulle parle la langue des anges. Je ne prétends pas que Vincent de Paul reçût sans rien donner; il enrichissait son hôte en même tems qu'il en était enrichi, mais nous n'avons aujourd'hui à rappeler que ses propres avantages. Saint François de Sales, de son côté, modifia son austérité naturelle, son penchant à la tristesse, partagea avec lui sa dilatation de cœur, sut lui donner part à son aménité si douce et si persuasive, vivifier son discours de sa sainte et naïve éloquence, prêter à ses traits comme un reflet de la modestie des siens et rendre sa sagesse plus tempérée et plus touchante.

L'amitié ne fit pas néanmoins perdre à Vincent de Paul son originalité; il resta lui-même avec un surcroît de biens qui fut comme l'ornement et la parure de son propre fonds. Ainsi préparé, perfectionné par la souffrance et la sainteté, il n'avait plus qu'à répondre aux desseins de la Providence et à devenir l'instrument humble et dévoué de ses miséricordes.

Il ne faillit pas, mes Frères, à sa mission : il est presque impossible de nommer une bonne œuvre à laquelle il n'ait songé, qu'il n'ait entreprise et réalisée. Tel est même l'écueil de ses panégyristes ; ils ne savent dans cette abondante moisson quel épi choisir, quelle gerbe montrer. La multitude des faits les importune ; leur ordre, leur enchaînement, leur gradation les effraie en exigeant un talent merveilleux de disposition que très-peu possèdent et dont je me sens plus dénué que personne.

Quoi qu'il en soit, Vincent de Paul commence par obéir au plus touchant souvenir, il se fait près du légat d'Avignon l'avocat des captifs d'Alger et refuse personnellement sa protection, afin qu'elle s'exerce tout entière sur les clients qu'il a tant à cœur de soulager.

A la mort d'Henri IV, épouvanté d'avoir gagné les bonnes grâces de ce prince dans une mission accidentelle, remplie près de lui au nom du cardinal d'Ossat, il va se cacher à l'hôpital de la Charité et s'y dévouer aux soins, à la récréation et au salut des malades.

Trahi par l'admiration qu'il inspire en cet asile de la misère, et devenu malgré lui aumônier de la reine Marie de Médicis, il fuit, renonçant à son titre et à ses revenus, à plus de cent lieues de la capitale, pressé d'évangéliser des pauvres sans pasteur, de partager leur indigence et de leur apporter des secours.

On le force à entrer dans l'illustre maison de Gondy pour en élever les enfants. S'il cultive avec succès l'esprit du futur cardinal de Retz, sans doter son cœur de toutes les vertus qu'il lui souhaite, il imprime bien avant Jésus-Christ dans l'âme de sa sœur, depuis marquise de Maignelay, insigne bienfaitrice des Carmélites de l'Oratoire. Son zèle s'étend jusqu'aux gens de service et aux fermiers qui l'avoisinent. Leur ignorance et les mauvaises habitudes cèdent à ses exhortations, à ses exemples, et sont bientôt remplacées par l'intelligence et la pratique fervente de la religion.

Vous l'entendîtes aussi, habitants des campagnes plus éloignées; il monta dans les chaires de vos villages, il y devint un catéchiste éloquent qui sut vous captiver, vous instruire, vous toucher et vous convertir. — Et, s'il rencontrait parmi vous quelqu'âme endurcie qui lui résistât, combien il la traitait avec douceur et longanimité, se souvenant de ce conseil de l'apôtre saint Paul : Reprenez avec modestie ceux qui résistent à la vérité dans la pensée que Dieu peut les y ramener un jour, conseil divin qui écarte l'injure par l'espérance.

Si, à l'exemple du bon prophète Amos, Vincent de Paul ressentait un attrait de confraternité pour les paysans; si son cœur se trouvait au milieu d'eux en famille, aucun sentiment pareil ne devait l'attirer dans la société des forçats. Là, tout devait lui répugner, lui être antipathique et odieux. Aussi, pour comprendre sa conduite lorsqu'il passe du palais de Montmirel sur les galères de Marseille, et s'y livre à de saintes extravagances, est-il nécessaire de se rappeler la définition de la charité par Thomassin et Thomas a Kempis? L'amour, disent ces admirables théologiens, a de sublimes impudences; il s'élève au-dessus du droit, de la raison et de la règle; il brave toutes les difficultés et plus encore. Il est convaincu de ne pouvoir jamais avouer trop; son désir est d'aboutir au plein et entier sacrifice de lui-même. L'amour ressemble à l'eau en ébullition, il déborde, il se précipite, il ne connaît ni frein ni mesure; rien ne lui pèse, rien ne lui coûte; l'impossible est son but et il y atteint, précisément parce qu'il y aspire.

En effet, mes Frères, c'est peu pour Vincent de Paul d'habiter cet affreux séjour, d'y prodiguer ses services empressés aux victimes de la justice humaine, d'y briser leurs fers, de les arroser de ses larmes; d'y changer, à force d'assiduité, d'abnégation, de tendresse, leur bouche autrefois sépulcre infect, *sepulcrum patens*, en organe de louange et de bénédiction. Tout à coup, emporté par un élan soudain et irrésistible, il préfère à sa liberté l'esclavage, bien qu'il en connaisse toutes les rigueurs ; il se revêt des chaînes et du vêtement ignominieux d'un jeune condamné que réclame l'indigence de sa femme et de ses enfants, s'établit positivement à sa place et se voue avec joie et sans réserve aux plus vils et aux plus fatigants travaux. Tressaillez au sein de votre gloire, Dieu de la crèche et du Golgotha ! vous avez sur la terre un véritable imitateur ! Et toi, religion catholique, sois légitimement fière de ton fils !...

Découvert, à son grand regret, dans l'abjection qu'il avait ambitionnée, objet confus d'enthousiastes hommages, le captif de la charité chrétienne, mes Frères, se retire en toute hâte, impatient de rompre avec ses admirateurs, dans un presbytère ignoré. Mais bientôt Dieu l'arrache de sa retraite obscure et le pose sur le chandelier de l'église de Paris, pour être la lumière du clergé de France dans les plus célèbres conférences ecclésiastiques dont parle l'histoire : Bossuet, Abelly de Rhodez, Perrochel de Boulogne, Godeau de Vence, Pavillon d'Aleth, Vialard de Chalons, les Amelot, les Bourdoise, les Olier, les Eudes, les Bernard, les Duferrier l'écoutèrent ravis et se firent honneur d'être ses disciples.

Les jeunes Lévites, succédant aux prélats et aux docteurs, vinrent à leur tour le supplier de leur rompre le pain de la parole de Dieu et de les préparer par des exercices spirituels à la réception des ordres sacrés.

Enfin, sous l'inspiration de Mgr de Bérulle, et peut-être plus pratique que son instigateur, il créa des séminaires pour former de nouvelles générations sacerdotales dignes de la sainteté de leur ministère.

Régénérer le prêtre, c'était, mes Frères, ressusciter la société, lui rendre la vérité, lui rendre en quelque sorte Jésus-Christ qu'elle avait perdu. Oh! la magnifique aumône ! Il sut la compléter par la nomination des plus pieux et des plus savants évêques, lorsque Anne d'Autriche lui confia la feuille des bénéfices et le nomma, après qu'il eut assisté Louis XIII à ses derniers moments, chef de son conseil de conscience.

Sans doute, mes Frères, le prêtre est l'âme de la société, et l'on ne peut mettre à l'œuvre une plus grande puissance pour le bien; mais avec le prêtre, représenté par saint Jean l'évangéliste, se trouvait au pied de la croix, sous les traits de Marie, un autre ministre de la charité qui ne peut rester oisif sans que la douleur ne se multiplie, et qui n'agit jamais, selon sa vocation, sans que la douleur ne diminue ou ne disparaisse; je veux parler de la femme. Vincent de Paul, mes Frères, le comprit; il fit appel à sa sensibilité, il émut son cœur, il l'arracha au plaisir, à la vanité, à l'égoïsme qui l'annihilent ou en font un instrument de perdition. L'élan qu'il lui donna est incalculable et dure encore.

Oui, mes Frères, depuis près de trois siècles, la femme chrétienne vient s'offrir à Vincent de Paul et lui dit : Me voici, je n'ai plus de patrie, plus de famille, plus de volonté; je suis à Dieu par vous, disposez de moi à son gré, mettez-moi au service des enfants des pauvres, des ignorants, des forçats, des esclaves, des pestiférés ; envoyez-moi au martyre. Il prononce et elle obéit.

C'est une folie, s'écrient les sages du siècle. Il est vrai, c'est une folie, la folie de la croix ; mais cette folie relève la dignité des pauvres, les nourrit, les console, et entretient dans le peuple ce qu'il y reste de bon sens et de vertu. Remercions Dieu qui n'a pas permis que cette folie se tournât en sagesse humaine, et félicitons-nous d'avoir dix mille sœurs de la charité, vingt, trente mille autres religieuses petites filles de saint Vincent de Paul de qui vient toute cette postérité angélique, folles de la croix, répandues dans les hôpitaux, dans les prisons, dans les faubourgs, dans les campagnes pour servir les pauvres. Les espérances et les provisions de la pauvreté, mes Frères, sont là plus que dans toutes les merveilles de l'industrie, et l'ordre social est mieux défendu par ces humbles petits couvents que par la force, l'ampleur et le nombre des casernes.

Mais n'anticipons pas sur l'avenir ; Vincent de Paul avec ses prêtres de Saint-Lazare et ses sœurs de la charité domine les maux de son temps. Il triomphe de l'ignorance, mère de l'impiété et du libertinage, grâce à plus de trois cents missions intelligemment organisées sur tous les points du royaume; il recueille, adopte et élève des milliers de petits orphelins entassés sur les fumiers de la capitale, jetés dans les rues, sur les grandes routes, ou bien, tristes jouets de l'avare cruauté de certains vagabonds, habiles à briser leurs membres délicats et à les présenter, ainsi mutilés, à la pitié publique, pour s'assurer ses largesses. Il construit de somptueux asiles à la vieillesse, à l'infortune et à la souffrance, asiles que l'on peut, à aussi juste titre que les églises, appeler les maisons du Seigneur et ses temples bénis, parce que tout y parle de sa bonté et que les malheureux n'y doutent plus de sa providence.

Soutien des pauvres et des infirmes, Vincent de Paul devint le nourricier et le sauveur de provinces entières. Qui ne se rappelle les désastres de la Lorraine, du Barois, de la Picardie et de la Champagne; désastres qui dépassèrent ce que déplora Jérémie dans ses Lamentations; et qui ne sait qu'il les effaça, les fit oublier, que sa charité devint la source d'un fleuve réparateur qui répandit partout l'abondance? *Benedictio illius quasi fluvius inundavit.* Ne nourrit-il pas les hôpitaux, les monastères, la noblesse et les soldats, et le peuple de ces contrées dévastées? Ne leur envoya-t-il pas, pendant dix années consécutives, 30,000 livres par mois, des médicaments, des chariots chargés de pain, des semences, des sacs, des charrues, du bétail, des ornements d'église, des vêtements pour 20,000 hommes de différentes conditions?

En cette circonstance, mes Frères, la sainteté de Vincent de Paul apparaît sous un nouveau jour. Les riches ne se dépouillent pas avec autant d'ensemble et de persévérance, avec autant de générosité, pour satisfaire un philanthrope, quel qu'il soit ; les riches ne mettent pas à sa merci leur superflu, une partie de leur nécessaire ; ne le font pas, surtout lorsqu'il n'est pas au pouvoir, le centre de tous les dons d'un grand pays et le distributeur sans contrôle d'innombrables millions, s'il n'a un caractère surnaturel, s'il n'est tout revêtu, tout éclatant de la bonté, de la douceur et de l'abnégation du Fils de Dieu.

Il faut reconnaître en même temps, mes Frères, avec un célèbre cardinal, que Vincent de Paul avait reçu le don de l'élocution la plus facile, qu'il était éloquent à force d'âme, et par là même également sublime et populaire dans ses discours ; qu'il était doué du plus rare courage d'esprit, de la conception des grandes entreprises et de la patience des plus petits détails, d'une imagination hardie et d'un jugement sage, d'une prudence consommée pour discerner les moments opportuns, saisir le point de maturité des projets utiles et s'attacher aux établissements durables ; qu'il était doué d'un zèle vif et inébranlable, d'un attrait de persuasion qui ralliait toutes les opinions à ses sentiments, et du talent plus heureux encore et plus rare d'embraser les cœurs du feu dont il était consumé lui-même. Il animait tout; il proposait les bonnes œuvres, il discutait les moyens, il indiquait les ressources, il écartait les obstacles, il correspondait à la fois avec le gouvernement, avec les riches, avec les malheureux. Son regard embrassait toutes les misères ; il était présent à toutes les calamités.

Une autre gloire de Vincent de Paul, mes Frères, est, singulier conquérant du respect de la philosophie voltairienne et de la Révolution, d'avoir, au fond de son tombeau, vaincu les dédains ignorants et superbes du xixe siècle, dont le bon sens était si troublé qu'il énonçait des théories contre l'aumône, et qu'on ne fût jamais parvenu peut-être à lui faire estimer et aimer la plus belle des vertus, si on ne l'eût parée du nom de ce grand saint.

Quel bienfait, indépendamment de ses filles de la charité, que l'apparition parmi nous des conférences laïques qu'il a suscitées! Elles ont reconcilié le pauvre avec le riche ; elles ont fait comprendre à la foule, dupe de la calomnie et trompée par une presse impie et sans pudeur, que le catholicisme, loin d'être un ennemi, était un père plein de noblesse, de pitié et de dévouement. Elles ont introduit le prêtre là où il n'eût jamais pu pénétrer seul, et maintenant les voilà qui donnent la main aux ordres religieux trop longtemps proscrits, et les font recevoir avec respect, espérance et amour.

Continuez, auxiliaires bien-aimés, à exercer votre heureuse influence ; achevez de préparer les voies du Seigneur, de rendre droits ses sentiers, de combler les vallées, d'aplanir les montagnes, *parate vias Domini*, afin que son règne nous arrive, *adveniat regnum tuum*, afin que nous puissions nous asseoir dans la beauté de la paix, dans le tabernacle de la confiance et dans un repos opulent : *Et sedebit populus meus in pulchritudine pacis, in tabernaculis fiduciæ et in requie opulentâ.*

Que l'humilité soit la compagne et le soutien de votre charité! Le jour où la vaine complaisance se mêle au zèle, il devient stérile ; on le rencontre, sur son chemin, semblable au vase abandonné qu'on ne remplit plus d'eau, qu'on n'emploie plus à arroser et féconder la terre. *Quasi vas perditum.*

Ce que je dis à mes jeunes Frères, je me le dis à moi-même, ô mon Dieu ! je le dis à ma congrégation ; je le dis à tous les prêtres, à tous les religieux, à toutes les religieuses : voulons-nous faire du bien, il nous faut l'esprit d'humilité dont était pénétré Vincent de Paul et que viennent de s'approprier si bien les petites sœurs des pauvres. Veillons à l'entretien de cet esprit ; ne le laissons pas s'éteindre : *Nolite spiritum extinguere.* Développons-le avec une sainte émulation; donnons-lui tout son essor. Ou, si nous sommes assez superbes pour n'en avoir pas le premier souffle, allons, contrits de notre orgueil, le demander à ces vénérables ossements, objet légitime de notre culte, ossements qui en sont encore secrètement vivifiés et lui doivent d'avoir été, pendant plus de quatre-vingts ans, le plus prodigieux agent de la miséricorde divine.

Saint Jean Chrysostome, mes Frères, ambitionnait passionnément de rencontrer les reliques de l'apôtre saint Paul, afin de leur emprunter la grâce et la force. Corps de Paul, s'écriait-il dans un éloquent enthousiasme, mon plus vif désir est de m'arrêter à ton sépulcre, de l'ouvrir afin de te contempler avec amour, toi qui as porté les stigmates du Christ, qui as fait entendre sa voix à toute créature, toi qui as disséminé son évangile, as mieux produit et réfléchi sa lumière que les éclairs de la foudre et les rayons du soleil, toi la terreur des démons, la liberté des captifs, la santé des infirmes. Oh! que ne puis-je baiser la poussière de tes lèvres, fontaine de vie, la poussière de ton cœur, cœur de l'univers! Elle m'embaumerait de sa vertu, elle me rendrait supérieur à mes faiblesses.

Plus heureux que le grand archevêque de Constantinople, nous pouvons, mes Frères, réaliser ses vœux impuissants au pied de cette châsse où Vincent de Paul respire encore l'humilité et souhaite avant tout la communiquer. Oui, à nous de mériter que son corps, comme le corps du prophète Elysée, devienne un principe de résurrection et de vie pour les morts spirituels, d'obtenir que chacun sorte de cette enceinte dépouillé de soi-même; et, dès-lors, renouvelé, transformé, plus dévoué que jamais au soulagement des pauvres, à l'apostolat de la vérité, à l'édification des gens du monde, au salut des pécheurs; plus propre et mieux disposé à régénérer la société, à sauver la France, à consoler le souverain Pontife, à glorifier l'Église, et à mériter le ciel où nous conduise la bénédiction de Messeigneurs.

Ainsi soit-il.

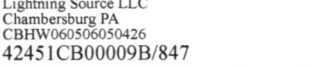